ANOTAR LO EXTINTO

ÆREA | *carménère*

Eduard Farràs Núñez

Anotar lo extinto

861 Farràs Núñez, Eduard
F   Anotar lo extinto / Eduard Farràs --
     Santiago-Barcelona : RIL editores-Ærea |
     Carménère, 2024.

     76 pág. ; 23 cm.

     ISBN: 978-84-10248-05-2

     1 POESÍA ESPAÑOLA. 2 LITERATURA ESPAÑOLA.

ÆREA | *carménère*

Serie dirigida por
Eleonora Finkelstein y Daniel Calabrese

ANOTAR LO EXTINTO
Primera edición: abril de 2024

© Eduard Farràs Núñez, 2024

© Ærea, 2024

Un sello de RIL® editores
SEDE SANTIAGO DE CHILE: Los Leones 2258 • CP 7511055 Providencia
☎ (56) 22 22 38 100 • ril@rileditores.com • www.rileditores.com

SEDE VALPARAÍSO: Cochrane 639, of. 92 • CP 2361801 Valparaíso
☎ (56) 32 274 6203 • valparaiso@rileditores.com

SEDE ESPAÑA: europa@rileditores.com

Composición y diseño: RIL® editores
Diseño de colección: Marcelo Uribe Lamour
Ilustración de portada: Allec Gomes

Impreso en España • *Printed in Spain*

ISBN: 978-84-10248-05-2
Depósito Legal: B 7691-2024

Prólogo

Krzysztof Katkowski

¿Cómo se puede describir lo que se ha extinguido? En cualquier caso, es una pregunta bastante difícil. Durante mucho tiempo se ha intentado responder a ella con la poesía apocalíptica o, más recientemente, con la llamada *ecopoesía*. A menudo, sin embargo, se trata, al menos a primera vista, de que la nostalgia se refiera a un objeto concreto; a algo distinto, existiendo fuera. El ejemplo más clásico en la cultura europea es probablemente la poesía amorosa de trovadores y troveros. Lo mismo puede verse en Petrarca, inspirado por ellos, que escribe sobre su Laura perdida. Por supuesto, Laura es sólo una metáfora, pero, en cierto sentido, físicamente presente.

La situación es diferente con la enfermedad «Mal del siglo». Este término, utilizado por primera vez por Charles Augustin Sainte-Beuve, se asocia a un enfoque nihilista de la vida. Nihilista, porque carece de valores (esto lo dirían tanto los conservadores como el socialista Émile Durkheim), pero también de cualquier propósito. Una posibilidad, según Arthur Schopenhauer, por ejemplo, es evadirse en el arte. La única certeza, en esta caracterización del pensamiento, es sin duda la tristeza. Así que para algunos, como para los poetas de la Generación del 50, la escapatoria eran el compromiso y la crítica social. Para otros, como en el caso de Michel Houellebecq, es la crítica social, que conduce, sin embargo, a una filosofía política claramente reaccionaria.

La singularidad de Eduard Farràs Núñez reside en el «Mal del siglo» que abraza, intentando que lo ausente, lo inexistente sea aceptado y comprendido. Esta vuelta a la cita del libro de A. Caraco en el circo de Bizancio es una vuelta a la tradición, pero sin tradicionalismo. Eduard Farràs intenta encontrar una referencia, pero no es un anhelo conservador de una axiología fuerte, sino un viaje hacia sí mismo. No es, al mismo tiempo, una poesía confesional sino, más bien, una poética de las imágenes. Esto se aprecia, por ejemplo, en los dos poemas del comienzo del volumen, «Primeros pasos», donde se puede ver la pérdida de un niño pequeño, la experiencia de una imagen de la infancia, «piñata como sol». También en «Poder partir», sobre la separación de la familia, la mayoría de edad. Sin embargo, siempre se trata de la manifestación de una determinada imagen. En el poema mencionado, se trata de algo tan banal como atarse los zapatos: «Cuando eres joven debes /aprender a atarte los zapatos». En este sentido, podemos hablar de una cierta imaginación poética —una imaginación romántica, en el sentido en que Gaston Bachelard escribió.

La poética de la imagen, a su antojo, conduce estos poemas hacia motivos psicoanalíticos, o del ámbito de la interpretación de los sueños. Es el caso, por ejemplo, del poema «Tronos de hiel», un poema corto, pero que aborda el problema de la «Libertad» en un lenguaje casi psicoanalítico, tal vez gnóstico: «la Libertad ya no guía al pueblo/le han practicado una mastectomía». Precisamente, ¿qué se suponía que era la libertad si se le podía practicar una mastectomía? Es un pasaje que la perversión de la política, su orden diferente, en este caso incluso obsceno, ha eliminado de ella el aspecto del deseo. Es el fin de una época, pero una constatación más profunda que conservadora. Es una constatación de lo que se extingue, pero, al mismo tiempo, posiblemente de lo que nunca existió. Esto puede verse en otro poema, el de «Eterno retorno del aquí». «Hoy subes al último convoy./La ruta circular te sujeta/ al carril del no será». Se trata de una desaparición, pero no sólo en sentido literal —el poema puede interpretarse como una metáfora del suicidio—, sino, también, del fin del funcionamiento de un determinado sujeto (el verbo sujetarse, relacionado con el ‹sujeto› castellano, es aquí relevante). El sujeto en esta poética es un sujeto creado por imágenes, pero también disuelto, desdibujado. Es una búsqueda a través de las imágenes, a través del sueño y la perversión.

Y esto es lo que hace única la poesía de Eduard Farràs Núñez. Representa un movimiento más allá de la zona de confort de la productividad, es una poesía que dice «no» (el «preferiría no hacerlo» de Bartleby), que se vuelve hacia las imágenes oníricas pero no hacia el lenguaje -no siguiendo así el camino del psicoanálisis lacaniano, sino el freudiano o la tradición gnóstica. Es una poesía que intenta no sólo enumerar lo que está extinto, sino lo que no existe. Al menos en nuestra dimensión coloquial.

Volvemos al circo de Bizancio y ahí olvidamos nuestros verdaderos problemas, pero sin que estos problemas nos olviden.

ALBERT CARACO

Sobre el estado de la cuestión

Neogénesis lacrado

Llamamos tradición al pórtico sustentado
por dos pilares estrictos, aunque afables.
Hay quienes gustan denominarlos
tótems, hay quienes los prefieren
nombrar puntales.

Llega el día de los grandes festejos,
la tradición abre sus portones
y elogia el recibimiento del hombre.

Los tótems han madurado,
se han convertido en tótems
ascendientes.

La fragilidad del viento se inmiscuyó
en la fisura del más sabio,
carcomiéndole lirios y granadas.

El estamento se hizo migajas.
Un único tótem precisa axiomas
para sostener la integridad de la tradición.

El tabú asfixió la maleza en ruinas
e instruyó al hijo de los mandamientos.

Primeros pasos

La seño escanció un cuenco
para golosinas repleto de letras
que ligar.

Te pasabas todo el día trenzando
serpentinas de grafito bajo un
cielo de confeti y una piñata
como sol.

Comprendiste que las guirnaldas
no solo servían para engalanar
el parvulario, sino también para
hacer tu corona de cumpleaños.

Una corona de laurel.

No duró el buen juicio

Qué potencial.
Qué talento.

Cuanta felicidad el día que
un rayo iluminó tu frente,
sobre el informe brilló
un lucero de eminencia.

Un cambio.
Una cefalea.

Tu mente se contrajo,
el destello de las expectativas
inauguró el velatorio del mérito.

Ceguera sin párpados

La sangre reseca en los ojos
embadurna al sol de alquitrán.

Es el eclipse solar.

SIMULACRO DE PERFECCIÓN

La belleza se puso
la máscara de la bondad.

Locura.

Sueño.

Solsticio de la duda.

ATENTAR CONTRA EL COBIJO

El peregrino se constituye
paradigma de la ingratitud.

Matará al posadero y no
se hospedará en el hostal.

Tronos de hiel

Una multiplicación de engreídos
propagó la metástasis social.

La Libertad ya no guía al pueblo,
le han practicado una mastectomía.

Sɪ sᴇ ɪᴍᴘʟɪᴄᴀsᴇ ᴄᴏɴᴛʀᴀ sᴜs ʀᴀɴɢᴏs…

Soldados con galones impropios
hunden bayonetas en la nación.

Arma los prismáticos.

¿Los ves?

A lo lejos dibujas unas marionetas
agujereando sacos de entrañas.

¿Demasiado distante?

Acércate más,
estampa el barro con una
marcha directa sin estandarte.

Carga la lupa.

Ponle precio al marco —paleta del detalle
explícito, gráfico— si ya has desertado
de la invidencia.

Sobre el hastío

Días redundantes,
días de poesía.

Tu yo sombrío,
espejo doliente
de la náusea.

Poder partir

Cuando eres joven debes
aprender a atarte los zapatos.

Así, cuando seas adulto,
sabrás deshacer el nudo
que te amarra a la cuna.

Lógica de barras y estrellas

Dos ídolos desembarcaron
al iniciarse el milenio,
pertenecen al país de oro.

Esfuerzo y Sacrificio vician
la costa de verde fortuna,
los gentiles los adoran a
palmas vacías —cuencos
exigiendo libaciones—.

La nueva religión
enraíza en la arena y
promete una sabiduría de
bajo nivel.

Acólitos del culto occidental,
siervos,

olvidan

la figura de sus dioses.

Matan

los contornos de Afecto y Ternura.

Ostentación humilde

Muéstrate osada;
flor del sufrimiento,
cicatriz cosida anteayer.

Pasea tu nudo de heridas,
hermoso mosaico de
divisas locales.

Decibelios nocturnos

La pared se mofa de ti.
Ha invitado a un par de
huéspedes indeseados

                              allá,
                              en otro mundo,

y sus jadeos,
como manchas de humedad,
como moho que resuella,
se percolan en tu
manicomio personal.

Se le ven las intenciones

Sonrisa de hojalata,
artificio labial.

Había conocido la tiranía
de la comisura ajena.

Te dijo «Elevaré una fortaleza
que resista tu embate».

Rito de paso

Ha llegado la edición de coleccionista de
aquel videojuego retro que esperabas.
La carátula te sonríe como ese amigo
que hace un favor sin pedir nada
a cambio,
        y a cambio recibe tu apatía.

Te aportó felicidad en la época de
la caricia,
        y la caricia se agotó.

Ha llegado la edad de
la bofetada,
        y la bofetada sacudió tu verdad.

Aquel videojuego retro es
un bastardo,
un engendro.

Aquel videojuego retro es
un híbrido de laboratorio
nacido de la nostalgia y del asco.

Es una quimera,
        y macerará con las demás en la estantería.

Peter Pan adulterado

Llama a la puerta del pecho,
acuesta en ella tu oído.

Percibirás el bramido del imberbe
en el armazón contemporáneo.

Llama a la puerta del pecho,
descansa en ella tu vista.

Observarás al mocoso zanganear
en el calostro.

Copia sin modelo de la técnica

Un artesano aplaude el arte de tu
imitación y cita a preceptores
de virtud reconocida.

En las volutas lee un nombre,
en el éntasis encuentra un apellido.

Nunca fuiste su aprendiz.

¿Halago o reproche?

Has compuesto la gran obra con
ornamentación ajena en el
cénit de la casualidad.

Tu pieza es un coro bien adaptado.

¿Ingenio o sarcasmo?

Zona de confort

La frontera silenciosa
deconstruye posibilidades.

Tu vértigo le echa
cenizas de agua.

Saldo vital

Han rebajado la abundancia con
una mezcla de precariedad,
dependencia e insalubridad.

A la cornucopia no le
salen las cuentas.

NI LA VIGILIA SE HA SALVADO

La enfermedad del cielo
entra por cuatro puertas:

Endorfina.
Serotonina.
Oxitocina.
Dopamina.

Cuatro mendigos:

Conquista.
Guerra.
Hambre.
Muerte

recitaron los salmos
mágicos para acceder
a la morada divina
y violarla.

No han estado ni estarán

Si ves a tus amigos doblar de
nuevo la calleja tiéndeles
un puente de olvido.

Volátil es la amistad
apoyada en las técnicas
de la arquitectura efímera.

Sondear vínculos

La soledad del miembro escindido
busca una anatomía pareja.

La no opción de
no vivir aterra.

LA INDIFERENCIA NO OTEA

Lo invisible deambula.

Tú deambulas,
invisible,
por la avenida.

Escaparates que pasean (des)preocupados por
no tropezar de reojo con un reflejo ordinario.

Tu reflejo;
que deambula,
invisible,
por la avenida.

Se acabó la historia

De tanto en tanto conviene sacudir
tu diario por la ventana,
es una alfombra infestada de ácaros.

Que expulse hojas de polvo al
toque lento de las campanas y
el otoño de las fases sepulte
la pérdida de páginas en blanco.

O COMO FUENTES

Y eso que a las tres de
la madrugada te da por sacar
de la vajilla unos ojos como platos.

ETERNO RETORNO DEL AQUÍ

La estación abre sus válvulas.
Pistones entran,
pistones salen.
Ilusión lubricada sobre rieles.

Cuando tu motor rugía vehemente
pensabas que el ímpetu engrasaba las vías,
creías que las catenarias eran arcos de triunfo.

Has estado en todos los trenes,
tantos transbordos te han dejado
el depósito en reserva.

Hoy subes al último.
Uno seguro,
uno fiable,
en sus vagones moran
cervices arqueadas.

No se anuncia su destino.

Atraviesa una meseta,
gris,
gris mortero.
Como los demás ocupantes
orientas el cejo en el balasto.

Cuando tu motor rugía vehemente,
la experiencia del recorrido lineal
inquietó el asiento.

Siempre rompías el cristal
para saltar en la penúltima parada.

Hoy subes al último convoy.

La ruta circular te sujeta
al carril del *no será.*

TRASPIÉ COMUNICATIVO

Nunca ha sido tu fuerte
dotar de sentido al lenguaje,
aunque interpelar a tus oyentes
siempre ha sido tu propósito.

Lo debías intentar.

Conservar los significados.
Conversar con los intérpretes.

Funambulista de la palabra,
la cuerda se estrecha entre
la farsa y la comedia.

Violencia e intimidación

Un panóptico vertebra el esmog.
El matadero se hace tangible.

Los caníbales entran en casa.

LECTURA EN PLENA DEPRESIÓN

Lluvia,
tú que eres la primera en acudir al
recital empápate de generosidad.

¡Ah, la generosidad y su manía!
Tiene un reverso poco amable,
¿sabes? algo así como un don
corrupto…: la modestia.

Volverás a sentarte en la fila de
atrás y pensarás en Santa Bárbara
cuando docenas de nubes de
evolución te impidan distinguir
a los poetas.

EDAD MINANDO EXPECTATIVAS

Late el subsuelo.

El tumbe continuado
desgasta el pico.

Un nuevo latido,
otro surco
en el yacimiento.

El rezagado constante
malmete minerales.

Otro latido,
un nuevo hilo de amianto
en la veta parda.

Terminado el acarreo
la estructura cristalina
se deshace.

Engaño en 4K

Cabezuelas de LED cuentan la leyenda
de aquel animal que, al notar su carne magra
hundirse entre las costillas, abandona la manada
para aguardar la muerte en soledad.

Los fotogramas se deslizan con parsimonia
desvelando una ristra de mensajes bien poco
subliminales.

Aquí nadie se aísla al sentir la vejez
rozar sus falanges.

La alta definición te esputa un documental
basado en hechos ficticios, como una
alpaca que canjea el acoso por la sorna.

DECLARACIÓN DE INTENCIONES

A título de progreso

Mi caminata por la Academia fue fortuita,
la cual ensanchó la lejanía entre los peldaños de la escalera.

Escalera o noria que me devolvería al punto cero de la
   simplicidad.

La motivación es una productiva herramienta de
   ensambladura,
pues fija los escalones hacia la prosperidad.

Nadie aborrecerá nuevamente mis credenciales.

Mandará la experiencia,
la travesía,
el entendimiento.

Por fin montaré en la excelencia del logro.

Entre Pizarnik y Pavese

Es vital entrar en la Plaza temprano;
celebrar que la bola de vainilla rueda,
remolona,
por una base de helado *Blue Moon*
y esparce sus frescor alrededor de
las tiendas de ultramarinos.

Oh, llegan mis hermanos mayores.

Él y ella.

Ella,
él,
y esos rostros de brea,
y esas manos de hojarasca.

La ligan.
Pretenden arrimarme a su invierno.

¡Casa!
Les veto el pase,
llegan tarde.
Guardarán la esquina como
alcaides de penumbra.

El empedrado cabriola,
la pirotecnia aplaude.

Pertenezco aquí,
donde se pintan las tejas.

Permaneceré en el futuro,
primavera pavimentada de tonos esperanza.

CONTRARROCOCÓ

Qué apacible se te ve allí,
en tu rinconcito,
leyendo una epopeya.

En los anaqueles,
las mariposas cierran las alas
para no incomodarte.

Me sentaré a tu lado y
te acurrucaré con mis pupilas.

Escalada erótica

Atrás;
colchas de cinarra arropan los delirios del ajuar
desmantelado en el campamento base.

Enfrente;
un numen de granito revela sus sabañones
y aprieta los nudillos.

Evito rodeos,
dispenso la parábola allí
donde maridan cielo y tierra,
—más— allí donde hiberna mi albacea.

Anticipo su mirada yerma,
su manto de impasibilidad,
su tiara glacial.

El viento cálido del sur me impulsa
a conmover sus lágrimas de mármol.

Derretiré su desdén en el clímax de la cumbre,
punto de no retorno.

RAIGAMBRE EN TIERRA FRANCA

La fantasía,
arcadia de plomo,
muere por los pies.

Es el placer estético del suspiro
en una constelación inefable.

Soy lo que piso.

Fragilidad,
dolor,
acerbo palpable,
realidad intransigente.

Habitar es sumergir la planta y el empeine,
abarcar la perla vibrante en el fango.

Así construyo mi comarca,
Así me asentaré en el mundo.

Tratado de armas

IGNICIÓN DE TERCER GRADO

Combustible y comburente
se han jurado amor efímero
encima del testigo.

La lengua roja rasga la piel
escamada del tiempo,
que desviste un espacio defectuoso.

Atardece la carne debajo
de un burdeos eterno.

Baño galvánico

Estrella la nube metálica,
purifica con su rayo el charco.

Pendes de un hilo;
funcionario de la corriente,
burócrata de la conducción.

PLATA SOBRE VENAS

Concierto para violín.

Al filo de la luna menguante,
oxidada,
mueren planetas en sol menor.

Presto apremiante,
reflexionado.
Trémolo agitado
frotando cuerdas
cobalto.

Neptuno se pone.

Poco se ha contado del
fraude de los nueve milímetros.

9...
Le falta una curva para la perpetuidad.

No

Perdería toda significación erguido.
Perdería la horizontalidad del infinito.

Sí

Vertical,
        vuelve horizontal al tirador de polímero,
        se vuelve bocamanga de un grito en el temporal.

DeLorean

Regreso al pasado,
derrape hacia el futuro
a 88 millas por hora.

Viaje en el destiempo
contra quitamiedos de neón.

El vuelo del caminante

Un buen físico donará la propia integridad
al ensayo del método más efectivo.

Guía su resiliencia al lugar justo,
en el momento adecuado,
para amparar con el torso la energía
cinética de centenares de miles de *joules*.

Tiene claro que la proyección únicamente
puede ser hacia delante o hacia atrás.

Bien, sus allegados se encargarán
de averiguarlo en el dictamen pericial.

BARBITÚRICOS DURANTE EL RECESO

Canicas ruedan.
       Paladean,
             delinean
el recreo tubular.

Transporte lúdico hacia el sur.
Vacaciones en la playa distensible.

La familia encapsulada
será absorbida junto a
instantáneas de la infancia.

PULMONES A PLEAMAR

¿Cabe el monzón en dos jarrones?
¿Es posible que una gota
cause una inundación?

Sírvase en la sequedad
del verano hasta el
derrame gutural.

¿Puede una boca llorar?

MONÓXIDO SIN HUMO

Contra el resfriado vahos de gas.

Cuenta el prospecto:

• Indicaciones terapéuticas:

Adormecer la expectoración.
Aletargar el picor de garganta.

• Preparación extemporánea:

Tapiar los cuatro ventanales del claustro.
Prender el fuego del hogar.
Reclinar la cátedra.

Con la inhalación reiterada
se contraen las laderas del retiro.
Se entra en el valle de somnolencia,
guardián de la quietud.

ESTRAMONIO EN LA HORA DEL TE

Todo el monte es farmacopea.

¡Fermenta, limo!

Exhuma la tierra criolla
a costa de,
                en la costa de
Colón.

Experiencia comprimida,
un cascabel que medita.

Noche líquida
en porcelana.

ATADURA EN SUSPENSIÓN

Juego de autopistas comunes,
ramales derecho e izquierdo,
análogos de una región
compartida.

Compartida por el abrazo
conciliador del esparto.

El movimiento se detiene
por un atasco en el cuello
de botella.

ARROJO

Gorriones y palomas vuelan bajo
al borde del torreón,
el instinto los previene de
remontar su altura.

Rasuran la niebla de la fosa,
compactan la fertilidad de la brecha.

Son preparativos de dureza
dispuestos en honor al viajero del aire.

Apología de la extinción

En el aula blanca donde todo aprendizaje se interrumpe, un maestrillo —uno de muchos—, impartirá tu última lección.

No le prestes cuidado, se aprovechará de la instrumentalización del verbo que subsiste después de desvencijar el mito. El trilero de cabecera procura aplicar una minuciosa taxidermia a tu transformación, no comprende que hayas girado tu puño y letra contra la materia.

Aquí, en el aula blanca donde todo aprendizaje se interrumpe, la existencia cobra relevancia en la despedida.

Seres de paz preparan tu ropa para el camino. Sueltas el lastre, centón de tentativas.

Empieza el viaje por el corredor y tu aspecto se desvanece.

Vademécum

Este libro se terminó de imprimir
en abril de 2024

RIL® editores • España

europa@rileditores.com

Se utilizó tecnología de última generación que reduce
el impacto medioambiental, pues ocupa estrictamente el
papel necesario para su producción, y se aplicaron altos
estándares para la gestión y reciclaje de desechos en
toda la cadena de producción.